CAMILLE VALLAUX

# LES CITÉS DÉVASTÉES PAR LA GUERRE

### (Études de Géographie urbaine)

## II

# MONTDIDIER

Extrait de la *Vie Urbaine* (N° 14)

PARIS
ÉDITIONS ERNEST LEROUX
28, RUE BONAPARTE, 28

1922

# *LA VIE URBAINE*

Est publiée sous la direction de : Louis Bonnier, Inspecteur général des Services techniques d'Architecture et d'Esthétique de la Préfecture de la Seine ; Henri Sellier, Conseiller Général de la Seine, Secrétaire Général du Comité de Perfectionnement de l'École des Hautes Études Urbaines ; Marcel Poëte, Directeur de l'Institut d'Histoire, de Géographie et d'Économie Urbaines de la Ville de Paris. — *Secrétaire de Rédaction* : Auguste Bruggeman, Secrétaire de l'Enseignement de l'Ecole des Hautes Etudes Urbaines.

Avec la coopération de : *l'École des Hautes Études Urbaines,* de *l'Association Française pour l'étude de l'aménagement et de l'extension des Villes,* de *l'Union des Villes et Communes de France,* de *l'Union internationale des Villes.*

Cette Revue, qui paraît depuis 1919, est consacrée à l'étude des conditions et des manifestations d'existence et de développement des villes. Elle vise l'agglomération urbaine envisagée comme un organisme vivant en constante évolution ; elle l'étudie, à la fois, dans le passé et dans le présent et a pour but de contribuer à dégager, de l'observation et de la comparaison des faits, une méthode et une doctrine à l'usage de tous ceux qui, à des titres divers, ont la charge des intérêts des cités. Elle tend avant tout à des résultats pratiques.

Elle embrasse dans son champ d'action l'aménagement, l'embellissement et l'extension des villes, leur organisation administrative, économique et sociale, leur évolution au cours des âges.

Elle paraît tous les deux mois, avec illustrations dans le texte et hors texte et comprend des articles de fond ainsi que des mélanges et actualités.

Sa chronique, contenant de brèves informations au jour le jour sur l'organisation et le fonctionnement de la vie municipale, paraît à part, deux fois par mois, sous le titre de *La Quinzaine Urbaine.*

---

Abonnement annuel à *LA VIE URBAINE* : 30 francs pour Paris ; 32 francs pour les départements, colonies et protectorats ; 36 francs pour l'étranger.

Abonnement annuel à *LA QUINZAINE URBAINE* : 18 francs pour Paris ; 19 francs pour les départements, colonies et protectorats ; 20 francs pour l'étranger.

S'adresser pour les abonnements, la vente au numéro et la publicité aux *Éditions Ernest Leroux,* 28, Rue Bonaparte, Paris (VI*), et pour la rédaction et l'administration, à *l'Institut d'Histoire, de Géographie et d'Économie Urbaines de la Ville de Paris,* 29, Rue de Sévigné, Paris (III*).

Les fascicules de *La Vie Urbaine* et de *La Quinzaine Urbaine* ont un numérotage continu pour chacune de ces deux publications.

Les abonnés à *La Vie Urbaine* pour l'année 1919 ont droit au fascicule n° 5 de cette Revue (année 1920), en compensation du fascicule de bibliographie supprimé. Les abonnements pour l'année 1920 sont reportés à l'année 1921.

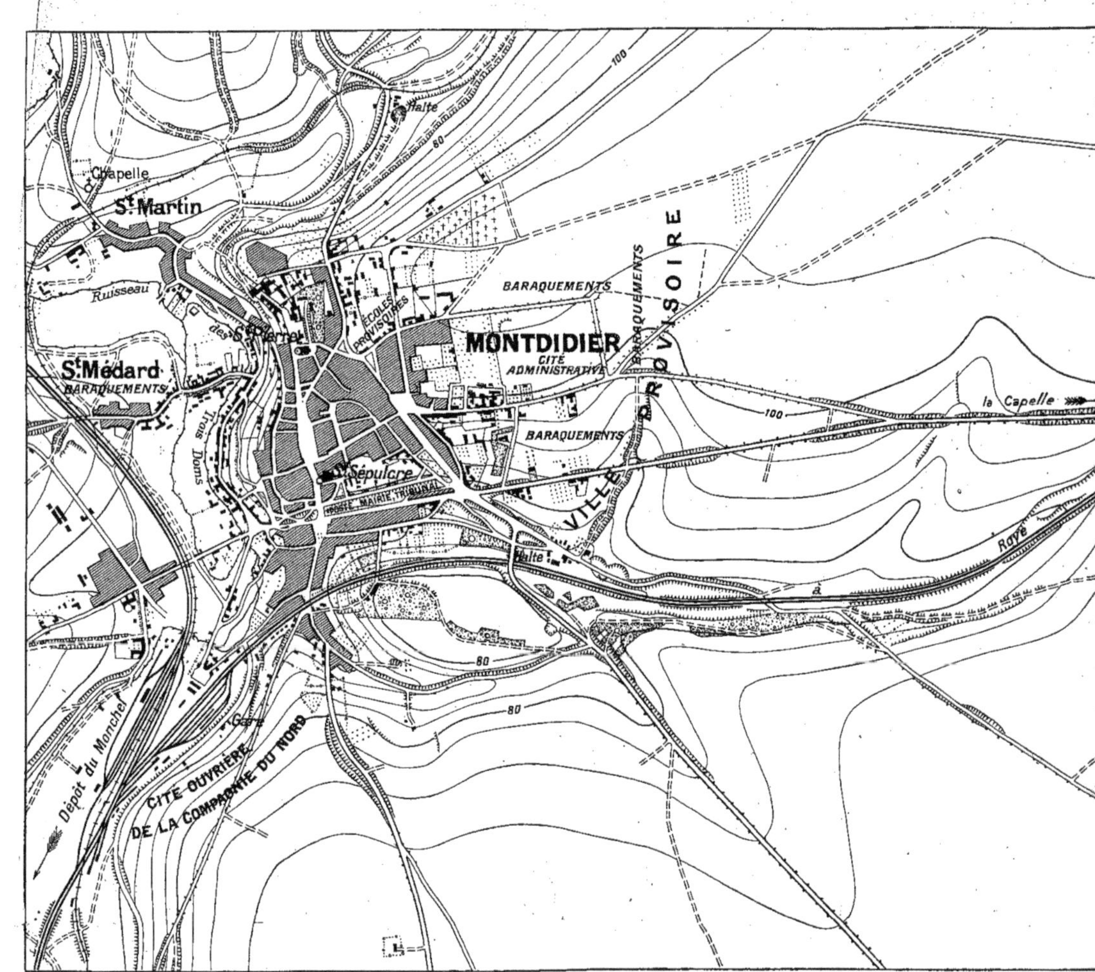




LE SITE DE MONTDIDIER : L'ANCIENNE VILLE ET LA VILLE PROVISOIRE.

(Extrait complété du plan directeur d'Ayençourt au 1/10.000ᵉ).

Reproduction autorisée faite d'après les publications du *Service Géographique de l'Armée.*

Camille VALLAUX
*Docteur ès lettres*
*Professeur au Lycée Janson-de-Sailly.*

# LES CITÉS DÉVASTÉES PAR LA GUERRE

*(Études de géographie urbaine¹)*

---

## II

# MONTDIDIER[2]

---

### I

## Pendant la Guerre

Montdidier a été un des points capitaux du front, aux derniers mois de la guerre. Là s'est arrêtée la poussée ennemie, dans son effort pour séparer l'armée anglaise de la nôtre. Montdidier est aussi à l'origine du reflux décisif qui a jeté l'armée allemande hors des frontières et a contraint l'Allemagne à l'armistice. Ce double honneur, qui fait de la petite ville un des lieux les plus célèbres de l'histoire, lui a coûté bien cher. Elle a été détruite au ras du sol; ses caves voûtées ont été défoncées; la jolie vallée des Trois Doms a été changée en un enfer de trous d'obus et de troncs d'arbres renversés, calcinés ou asphyxiés. Sur la carte des Régions libérées, Montdidier et sa banlieue sont compris dans la zone rose dont on pensait, aux mois qui ont suivi

(1) Etude précédemment parue : *Péronne* (*La Vie Urbaine*, avril 1919).

(2) Nous exprimons nos remerciements à MM. DUFFAU, sous-préfet de Montdidier, et FOUACHE, secrétaire de la sous-préfecture, qui nous ont donné de nombreuses et gracieuses informations.

l'armistice, qu'il n'y avait plus rien à faire à tout jamais, ou, tout au moins, que de longues années se passeraient avant que la vie pût y renaître.

Ce qui rend plus tragique encore la destinée de cette ville, c'est qu'elle avait traversé la plus grande partie de la guerre sans subir d'importants dégâts. Elle pouvait croire qu'elle échapperait au sort déplorable de Roye, de Chaulnes et de Péronne, lorsque le retour offensif de Ludendorff la mit au même niveau que ses sœurs de la Somme, et peut-être plus bas encore.

Le 30 août 1914, l'aile droite de l'armée allemande traversait la Picardie et descendait en torrent vers Paris par tous les chemins qui conduisent au sud. Montdidier et ses environs furent submergés par ce passage, qui se fit sans combat et sans déprédations importantes. Les Allemands se hâtaient *nach Paris* et ne songeaient point à autre chose. Sur les chemins de Rubescourt, du Monchel et de Domfront, ils ne posaient qu'une question : « Combien de kilomètres jusqu'à Paris ? » Derrière le gros de l'armée vinrent les convois et les services d'arrière, qui procédèrent aux réquisitions habituelles, parfois agrémentées de pillages purs et simples. Mais cela ne dura pas longtemps. Dès le 12 septembre, jour où se décidait la victoire de la Marne, les Allemands disparaissaient; l'avant-garde française rentrait dans Montdidier et poussait droit à l'est ; Joffre essayait de tourner la droite allemande.

L'ennemi, sentant le danger, s'y opposa avec énergie. Notre mouvement fut arrêté dans les environs de Roye. Montdidier, devenu ville du front, où affluaient convois et trains de ravitaillement, écouta, du 25 septembre au 7 octobre, le tonnerre de la bataille acharnée qui se livra, à 20 kilomètres à l'est, pour la possession de Roye. Les Allemands s'établirent dans cette localité, mais ils ne purent en déboucher. Le front se stabilisa; les troupes s'installèrent au fond de leurs tranchées, si primitives encore, dans le limon, l'argile et la craie du Santerre; la bataille se déplaça vers le nord; Montdidier et ses environs firent partie de la zone frontière qui resta si longtemps immuable, de la mer du Nord à la Suisse.

Incroyable situation, faite à la fois de tension guerrière et de sécurité absolue, qu'il est difficile de se représenter, à moins de l'avoir vue soi-même, et que les historiens de l'avenir auront peine à comprendre. A 15 kilomètres des tranchées de première ligne, la petite ville continuait son existence paisible, agrémentée par les profits que valait à ses commerçants le passage des troupes. Nul danger, ou tout au moins nul sentiment du danger. Les avions allemands rôdaient au-dessus de Montdidier et laissaient de loin en loin tomber quelques bombes. Au mois d'août 1915, des obus autrichiens de 130 à longue portée firent à deux ou trois toits des trous vite réparés. De temps en temps recommençait le vacarme de l'artillerie sur le front immobile, les vitres tremblaient. Personne ne se souciait de ces menus incidents. On pensait bien plutôt à l'animation et à l'afflux d'argent que procurait le quartier général de la VI⁰ armée.

En décembre 1915, par un bel après-midi, dans la fraîche vallée d'Ayencourt-le-Monchel qui devait devenir plus tard un Ravin de la Mort, et au bruit lointain du canon de Roye, de tranquilles corvées de territoriaux passaient, et une jeune mère poussait la voiture de son bébé.

Puis vint, après la bataille de la Somme, le recul de l'armée allemande vers la ligne Hindenburg. Le 15 mars 1917, les Allemands abandonnaient leurs lignes de Roye. Roye, Lassigny, Chaulnes, Noyon et Péronne étaient délivrés. Le front, qui était à 15 kilomètres, se reportait à près de 50 kilomètres, aux environs de Saint-Quentin. Montdidier n'était plus une ville du front, elle n'était même plus une ville de l'arrière. Plus de quartiers généraux, presque plus de troupes. Montdidier retombait à son calme du temps de paix. Il pouvait se croire tiré d'affaire. La dévastation et la ruine l'avaient effleuré sans le toucher...

Elles vinrent, tout à la fin, après quarante-trois mois de guerre, au cours du dernier et formidable spasme d'offensive que la défection russe permit à l'armée allemande. Le 21 mars 1918, les Allemands enfonçaient l'armée anglaise à l'ouest de Saint-Quentin et s'avançaient rapidement à l'ouest et au sud-ouest, pour séparer les Anglais des Français. Dès le 23 mars, des troupes anglaises en désordre et des réfugiés de Ham et de Nesle refluaient à travers Montdidier. De plus en plus se rapprochait le bruit de la bataille, semblable au passage continu d'un train rapide sur un pont de fer. Pourtant, il y avait un sentiment général et étrange de sécurité. On ne voulait pas croire que les Allemands, qui avaient été arrêtés plus de trois ans aux tranchées de Roye, pourraient les dépasser. L'ordre d'évacuation n'arriva que le 27 mars. Les Allemands occupèrent la ville dans la nuit du 27 au 28; une centaine de civils, qui s'y trouvaient encore, furent faits prisonniers. Le soir même, des hauteurs de Dompierre et de Royaucourt, on voyait une lueur rouge barrer l'horizon : Montdidier brûlait...

L'armée allemande voulut profiter de son succès et déboucher tout de suite de la ville conquise, pour achever la séparation des armées alliées. C'est à ce moment que se plaça un des épisodes les plus glorieux et peut-être le plus décisif de la guerre.

Le 30 mars, les régiments français qui convergeaient en toute hâte, par tous les chemins, vers la vallée des Doms, reprenaient de haute lutte, dans la banlieue de Montdidier, Courtemanche, le Mesnil-Saint-Georges et Ayencourt-le-Monchel. Les Allemands réussirent à se rétablir dans les deux premiers villages, ils échouèrent au troisième. Epuisés, à bout de souffle, ils renoncèrent à déboucher vers la grande ligne de Paris à Amiens; ils creusèrent des trous et se fixèrent. Cela décida leur sort final, mais cela décida aussi la ruine définitive de Montdidier. Devenue, sur la ligne de feu même, un repaire d'Allemands, auxquels ses caves voûtées offraient des abris commodes, la pauvre ville reçut au moins un million d'obus français, anglais et américains, qui tombaient concentriquement sur elle. Ses édifices publics s'écroulèrent, ses vieilles églises furent changées en moignons informes de maçonnerie, ses maisons particulières furent volatilisées. Bien avant que les Allemands eussent été forcés d'évacuer la vallée des Doms, il n'y avait plus là qu'un chantier de démolitions, dominé et enveloppé par les lourdes traînées des vapeurs asphyxiantes.

Cela dura quatre mois. Enfin, le 11 août 1918, les Anglais avançant à l'est d'Amiens, et les Français avançant vers le nord, entre Montdidier et Noyon, menaçaient de prendre les Allemands de Montdidier comme dans une souricière. Ceux-ci évacuèrent la ville sans combat; ils se retirèrent d'un coup jusqu'aux environs de Roye. Montdidier était définitivement délivré. Mais ce n'était même plus un fantôme de ville. Aux alentours, la campagne ravagée montrait de toutes parts des déchirures crayeuses. Les arbres abattus dans la vallée des Doms faisaient comme un jeu de jonchets. Le ruisseau des Doms divaguait dans les trous

Cliché Catala Frères. — Reproduction interdite.

## MONTDIDIER
Vue générale avant la destruction.

Clichés de l'auteur. - Reproduction interdite.

## MONTDIDIER en 1919.

La rue des Tanneries.

Vue prise vers la Rampe.

d'obus. Terre maudite et vouée, semblait-il, à la stérilité éternelle. Telle était encore l'impression d'un correspondant de journal parisien, près d'un an plus tard (1).

II

# Le paysage urbain : position, site, communications

Essayons de reconstituer le Montdidier d'avant-guerre dans sa physionomie de ville rurale, de *market-town*, lentement burinée par les lieux et par le temps.

La ville était construite sur un éperon calcaire qui domine par une pente raide, à l'ouest, la vallée du ruisseau des Trois Doms, affluent de l'Avre, et qui est encore isolé au nord et au sud par de profonds ravins, de sorte qu'il n'est de plain-pied qu'au nord-est et à l'est, vers les plateaux agricoles du Santerre, seule direction où l'accès de la ville se fait sans montée.

C'est un site de repaire féodal, très rare dans les plaines découvertes de Picardie, et d'autant plus singulier én apparence, que le passé féodal de Montdidier n'a eu aucun éclat et n'a laissé aucun vestige important. Point de donjon ni de tours ruinées sur cette arête, qui paraît si bien faite pour leur servir de socle.

Lorsqu'on étudie les plaines des environs, avec leurs molles ondulations, leurs cultures, leurs bouquets de bois des plateaux et les lignes d'eau et d'arbres de leurs vallons tourbeux, on ne comprend pas tout de suite pourquoi un noyau urbain s'est formé là. Si modeste que soit cette existence de petite ville, elle n'est pas simple. Elle ne s'encadre pas d'elle-même dans les définitions courantes.

Montdidier n'est pas le centre vital d'un petit pays. Il se trouve plutôt sur les lisières et sur les marges de trois campagnes qui diffèrent assez les unes des autres pour qu'on puisse indiquer leur signalement particulier. Au nord-est se terminent, aux portes de la ville, les plaines limoneuses et argilo-calcaires du Santerre, monotones et rares, pauvres en eau, riches en blé et en betteraves. Au sud-est et au sud

---

(1) Claude Anet, *Dans les régions damnées, la tâche impossible.* (*Petit Parisien* du 13 juin 1919).

s'annoncent, par des buttes d'argile à silex, des bouquets de bois, des prairies et de nombreux vallons, les paysages riants, frais et accidentés des environs de Noyon et de Compiègne. A l'ouest, une lisière forestière, qui fut autrefois continue (1), et dont le principal morceau subsistant est le bois de la Hérelle, fait la transition entre le pays de Montdidier et celui de Breteuil, où reparaissent les limons du Santerre, ainsi que de plus nombreux et de plus vastes affleurements de craie, dans une région indécise où la Picardie et la Normandie mêlent leurs caractères avec une variété parfois surprenante et pittoresque.

Cet ensemble pourrait prêter à croire que Montdidier a été fondé comme petit marché agricole d'une zone frontière, où venaient s'échanger les produits différents des pays voisins : blés du Santerre, beurres et fromages du Noyonnais, troupeaux du Beauvaisis (2).

Nous ne croyons pas que cette explication soit la vraie. D'abord, les différences de paysage qui nous frappent, entre les trois campagnes de Montdidier, ne sont point soulignées d'une manière aussi nette dans leurs productions agricoles, même à notre époque où le travail de la terre tend à se spécialiser. Par leurs productions, les trois campagnes se ressemblent bien plus qu'elles ne diffèrent. Elles possèdent toutes le cycle complet de la production agricole du nord de la France; elles ne sont pas forcées aux échanges de lisières. A plus forte raison en était-il ainsi autrefois où l'on ne cherchait ni la spécialisation, ni la production intensive du sol.

Ensuite, le lieu d'échanges ne serait pas allé s'établir spontanément sur le site le plus incommode et le plus difficile d'accès de tout le pays (3).

Montdidier, sans doute, est devenu un *market-town*. Mais il l'est devenu dans la suite des temps, lorsqu'il a été assez fort pour exercer sur les environs son pouvoir d'attraction. Il n'a pas commencé par là.

La colline même où se dresse Montdidier paraît donner une explication meilleure de son origine. On tire de cette colline une bonne pierre à bâtir : chose particulièrement

---

(1) A. Demangeon, *La Picardie*, Paris 1905, p. 71.
(2) A. Demangeon, *ouv. cit.*, pp. 231-253.
(3) A. Demangeon, *ouv. cit.*, p. 391; V. de Beauvillé, *Histoire de la ville de Montdidier*, Paris, 1857, I. 2.

précieuse dans un pays aussi pauvre en matériaux de construction que la Picardie. Aussi cette pierre a été exploitée de très bonne heure. Montdidier était construit *en dur* quand les autres petites villes picardes étaient en bois ou en torchis. Les trous des carrières exploitées furent converties en caves voûtées, quand la ville s'étendit sur elles. Montdidier, selon les dictons locaux, était « creux comme un violon » (1), ou encore « comme un vieux radis ».

Toutefois, ce qui empêche de croire que Montdidier, à l'origine, est sorti de ses carrières, c'est que la ville primitive n'était point sur l'éperon rocheux où elle s'élève aujourd'hui. Les premiers groupes de maisons s'établirent dans la vallée, là où sont maintenant les faubourgs Saint-Martin et Saint-Médard (2), c'est-à-dire sur un sol humide et spongieux qui n'admettait guère que des constructions légères. Montdidier a commencé par être une bourgade des fonds tourbeux ; les habitants se souciaient peu des pierres à bâtir de l'éperon voisin.

C'est un trait de ressemblance entre le vieux Montdidier et le vieux Péronne. Mais le ruisseau des Trois Doms n'est pas la Somme. Pourquoi une ville s'est-elle fondée sur le faible cours d'eau des Doms, et presque à son origine ?

Le ruisseau des Trois Doms est un de ces petits cours d'eau picards aux eaux claires et vives sur la tourbe, qui tirent leur plus grande valeur de la rareté même des eaux courantes au pays qu'ils arrosent (3).

Le nom des Trois Doms lui vient des trois localités de Domelien, Domfront et Dompierre, à 4, 5 et 6 kilomètres au sud-sud-ouest de Montdidier, où le ruisseau est réputé avoir ses sources.

En réalité, la vallée de Dompierre, qui se prolonge en amont jusqu'auprès de Maignelay, est aujourd'hui une vallée sèche, par suite de l'abaissement général des nappes aquifères de Picardie. Le cours d'eau permanent vient de la source de Domfront et des prés de Rubescourt.

Le ruisseau des Doms serpente sous les aulnes, les chênes, les hêtres et les peupliers, dans l'étroite vallée

---

(1) V. de Beauvillé, *ouv. cit.*, I, 5.
(2) V. de Beauvillé, *ouv. cit.*, I, 6.
(3) Le Dictionnaire Joanne fait naître, à tort, le ruisseau des Trois Doms à Dompierre ; ce qui lui fait attribuer 17 km de cours au lieu de 12. Aire de drainage, 10.600 ha ; débit moyen, 1.150 litres ; de crue, 2.600 ; d'étiage, 625.

d'Ayencourt et du Monchel, que signale au loin, en hiver, une traînée de brumes au niveau du plateau et accrochée en quelque sorte aux cimes des arbres.

Puis la vallée s'élargit, en aval du Monchel et en face de Montdidier, par le croisement de plusieurs ravins. Elle devient une vallée de jardins, — les légumiers ou *hortillons* picards. « La culture s'y morcelle à l'infini ; chaque parcelle s'y divise en petits compartiments séparés par des fossés pleins d'eau » (1). Les habitants des faubourgs actuels de Saint-Martin et de Saint-Médard sont tous des jardiniers.

Ce sont les petits carrés de légumes qui ont fait le Montdidier primitif, comme les poissons de la Somme ont fait Sobotécluse, ancêtre de Péronne. Montdidier a été fondé juste au point où la vallée du ruisseau des Doms devient exploitable pour la culture maraîchère. Sur une vaste étendue de pays, de la Noye et de l'Aronde à l'Avre, c'était la seule zone où cette culture fût praticable.

La ville a donc commencé par les jardins du ruisseau des Doms. Pourquoi a-t-elle ensuite abandonné son centre primitif et escaladé la raide colline de 45 mètres qui domine la vallée à l'est ?

On ne peut voir là qu'une nécessité de défense. Dans la Picardie sans cesse agitée par les troubles féodaux, Montdidier, ville des fonds, était trop exposé aux pillages, aux incendies et aux destructions. Il ne pouvait se retrancher derrière des marais, comme l'ont fait Amiens, Abbeville et Péronne. Le ruisseau des Doms était un trop pauvre cours d'eau pour le protéger.

A la ville des jardins s'ajouta, pour la défendre, une ville féodale qui ne se composait, à l'origine, que d'un château dont l'existence a été assez courte et fort obscure : le château paraît avoir été rasé dès que Montdidier a été réuni pour la première fois au domaine royal (1191, convention entre Philippe-Auguste et Aliénor de Vermandois) (2). Mais une nouvelle ville bourgeoise et féodale s'était établie autour du château. Elle y demeura. Elle fut entourée de murs et reçut sa charte communale en 1195 (3). Depuis lors, la petite ville ne bougea plus de son site incommode, escarpé

---

(1) A. Demangeon, *ouv. cit.*, p. 155.

(2) J. Mollet, *Géographie historique et statistique de l'arrondissement de Montdidier*, Montdidier, 1889, p. 108 ; V. de Beauvillé, *ouv. cit.*, I, 87.

(3) V. de Beauvillé, *ouv. cit.*, I, 95.

et ennemi de tout développement, mais bon pour la défense. Son pouvoir d'attraction grandit juste assez pour qu'elle devînt un petit centre administratif, commercial et ecclésiastique. Elle atteignit vite les limites extrêmes de sa croissance. Mais elle s'y maintint et ne déchut guère, si elle ne grandit pas.

Rien de plus remarquable que la stabilité de la population de Montdidier à travers les âges. L'intendant de Picardie, Bignon, attribuait à la ville 3.815 habitants en 1698 (1). Elle en eut 4.550 en 1881, 4.617 en 1891, et 4.517 en 1911, à la veille de son désastre.

Elle avait conquis de bonne heure les éléments essentiels de son existence. Ils demeurèrent à peu près les mêmes à travers les siècles, avec quelques menus déchets compensés par de menus gains.

Montdidier ne fut pas une ville militaire comme Péronne. Bien qu'il ait été fortifié jusqu'à la visite de Bonaparte en 1803, bien que son site escarpé paraisse bon pour la défense, bien que la ville ait été prise et reprise, brûlée et rebrûlée aux siècles où la frontière du domaine royal oscillait à travers la Picardie, Montdidier n'eut jamais, ni sous l'Ancien Régime, ni après la Révolution, un établissement militaire permanent. Il souffrit tous les maux des villes de guerre sans jouir d'aucun de leurs avantages.

En revanche, la ville devint de bonne heure un centre administratif : elle fut siège d'élection et de présidial au XVII<sup>e</sup> siècle, et le Premier Consul en fit une sous-préfecture. Elle fut aussi un centre de foires et de marchés qui s'efforçait de drainer une partie des transactions du Santerre. Sous ce rapport, comme sous le rapport administratif, elle fut sans cesse en lutte avec Roye, sa voisine, sa rivale et son émule. Les disputes des deux villes seraient un amusant chapitre d'histoire locale. En fin de compte, Roye l'emporta comme marché agricole, car, comme nous le verrons, les voies de communication la favorisaient davantage; mais Montdidier garda ses administrateurs et ses juges.

Il fut aussi un centre ecclésiastique, peuplé d'églises massives et de couvents aux hautes murailles et aux nom-

---

(1) Bignon, Extrait du *Mémoire de la généralité d'Amiens ou de Picardie en 1698*, dans J. Hayem, *Mémoires et documents pour servir à l'histoire du commerce et de l'industrie en France*, Paris, 1911, p. 170.

breuses fenêtres. Ceci attirait cela. Sous l'Ancien Régime, l'homme de loi et l'homme d'Eglise s'installaient d'ordinaire aux mêmes endroits; et comme l'instruction secondaire, la seule ou à peu près qui existât, était donnée par l'Eglise, un collège fut fondé.

« A Montdidier, dit Bignon (1698), il y a un prieuré de Notre-Dame de l'ordre de Clugny, dont le prieur tire 4.400 livres et les religieux en ont 3.600 livres; les sœurs grises ont 2.200 livres; les cinq paroisses de la ville ont 3.900 livres et les Ursulines 4.400 livres. Il y a aussy un couvent de Capucins. L'hôpital général commence à se former. Le collège est abandonné faute de subsistances. Ainsi le revenu total des ecclésiastiques de Montdidier n'est que de 18.500 livres » (1).

Pourquoi Bignon paraît-il trouver que c'est peu et trop peu ? C'est que, même aux heures de détresse de la fin de Louis XIV, Montdidier était un pays riche, d'une richesse terrienne et cossue. Dans le chiffre des impositions de la taille personnelle pour 1694, l'élection de Montdidier arrivait tout de suite après celle d'Amiens et avant les quatre autres élections de Picardie (221.143 livres sur un total de 935.551) (2).

L'industrie manufacturière avait fait son apparition au XVII<sup>e</sup> siècle dans les environs, lorsque s'étaient fondées les fabriques de serges drapées et de bas d'estame qui ont fait un nom commun du nom de la localité de Tricot, leur centre originel. « Elles sont, assure Bignon, d'un très bon usage pour les culottes et vestes des soldats et pour habiller le petit peuple » (3). Cette industrie se développa au XVIII<sup>e</sup> siècle : il y eut en 1785, 200 métiers à Montdidier même (4). Mais elle émigra et se concentra aux environs d'Amiens et au centre du Santerre, vers le milieu du XIX<sup>e</sup> siècle.

Cependant, Montdidier, ville agricole, capitale d'un pays agricole, ne fut pas entièrement privé d'industries. Elles commencèrent à renaître et à se grouper quand le chemin de fer atteignit la ville (1873). En dehors de quelques industries locales comme les fabriques de bougies, les brasseries, les briqueteries, les tanneries, les imprimeries, un grand

---

(1) Bignon, *ouv. cit.*, p. 197.
(2) Bignon, *ouv. cit.*, p. 179.
(3) Bignon, *ouv. cit.*, p. 162.
(4) Demangeon, *ouv. cit.*, p. 288.

établissement de maroquinerie fut fondé au nord-ouest de
la gare. Il était en pleine prospérité en 1914; il avait des
succursales à Moreuil, au Quesnel et à Domart-sur-la-Luce;
on se préparait à y annexer une mégisserie.

Sur la route de Breteuil fut fondée aussi, vers 1910, une
aciérie qui faisait des aciers à outils au nickel, au brome
et au vanadium. Un central électrique fut projeté et commencé.

Ces progrès, si modestes qu'ils paraissent, étaient
d'autant plus remarquables que Montdidier n'était pas au
croisement de voies de communications actives : défaut qui
est la cause essentielle de la stagnation séculaire de la
petite ville.

Nous ne savons pas si, comme l'affirment les érudits
montdidériens, il y avait une voie militaire romaine
d'Amiens à Compiègne par Boves, Moreuil et Montdidier (1).
L'Itinéraire d'Antonin et la Table de Peutinger ne l'indi-
quent pas. Ce qui est certain, c'est qu'aux temps modernes
les grands chemins à fort roulage ne passèrent point le
long de l'étroite rigole des Trois Doms.

Les deux grandes routes de Paris vers la Picardie étaient
la route d'Amiens et la route de Lille, celle-ci dite grand
chemin de Flandre. La première passait à Breteuil, à
20 kilomètres à l'ouest de Montdidier. La seconde passait
à Roye, à 15 kilomètres à l'est. C'est même ce passage qui
détermina et qui maintint la prépondérance économique de
Roye.

Les Montdidériens, privés de voies de communication
actives, rêvèrent pendant longtemps de prendre leur
revanche avec un canal. Il est difficile de se faire une idée
des espérances tenaces qui se fondèrent, pendant des
siècles, sur les projets de canaux.

En 1603, sous Henri IV, apparaît un projet de canali-
sation de l'Avre et des Trois Doms, de Moreuil à Montdidier. En 1680, nouveau projet, nouvel échec. Sous
Louis XVIII, on formule des réclamations dans le même
sens. En 1852 encore, le Conseil général de la Somme donne
un avis favorable à un projet de canal de la Somme à l'Oise,
par l'Avre, les Trois Doms et l'Aronde (2).

---

(1) J. Mollet, *ouv. cit.*, p. 29.
(2) J. Mollet, *ouv. cit.*, p. 22.

Cet avis de 1852 venait trop tard. Les voies ferrées apparaissaient. Elles devaient ruiner tous les projets de canaux, surtout les canaux d'une utilité secondaire tels que celui-là.

Cependant, le réseau du Nord négligea longtemps Montdidier et ses environs. La grande artère de Paris à Amiens, qui passe à 12 kilomètres dans l'ouest, concentrait toutes les communications entre Paris et la Picardie, au temps où les chemins de fer se bornaient à desservir les grandes villes.

Lorsque l'utilité des voies secondaires apparut, on construisit la ligne de Saint-Just-en-Chaussée à Montdidier, à Péronne et à Cambrai (1873). Elle fut conçue et équipée comme ligne d'intérêt local à simple voie. Ce n'est que beaucoup plus tard que la Compagnie du Nord la transforma par tronçons, pour y faire passer ses express « Picardie-Flandres ». En 1883 fut ouverte une ligne à grand débit et à double voie qui croisait la première à Montdidier : c'est la ligne Amiens-Montdidier-Compiègne ; elle était destinée surtout à soulager la ligne Amiens-Creil au point de vue du transport des houilles du Nord. Puis vinrent les *tortillards*.

Comme il était naturel, le centre de l'activité de Montdidier tendit à se reporter de son plateau escarpé vers la plaine des Trois Doms où se trouvait la gare. La ville descendit des hauteurs dans la vallée, comme sept siècles auparavant elle avait fui la vallée pour gravir les hauteurs. De larges avenues furent ouvertes ; des industries furent fondées. C'était le commencement d'une vie nouvelle. Elle a été brusquement arrêtée par le désastre. Mais la vie du chemin de fer est la première qui ait éclos de nouveau sur les ruines. Dans quelques années, quand on aura le recul nécessaire, on pensera sans doute que la guerre l'a stimulée et fortifiée : ce sera pour Montdidier une compensation notable (§ IV).

III

# Montdidier à travers l'histoire

La sage existence de bourgeoisie et de commerce local menée par la petite ville ne lui a pas évité les calamités guerrières, au cours de la formation douloureuse de l'Etat français. Comme toutes les villes picardes et peut-être plus

Vue générale de MONTDIDIER avant la destruction.

MONTDIDIER en 1919.

Vue d'ensemble prise de la terrasse de la
Maison d'Arrêt vers le Sud.

Vue prise de la Brasserie de Montdidier
vers la ville haute.

que la moyenne, Montdidier a largement payé la rançon de l'unité nationale. La ruine de 1918 n'est que la dernière page, venue longtemps après les autres, d'un long martyrologe. Elle est venue lorsque Montdidier et la Picardie pouvaient croire que la période des cataclysmes était bien close à jamais dans leurs annales. Cette ruine dernière paraît comme la sinistre affirmation d'une suite historique inexorable.

C'est dans la période du XIV<sup>e</sup> au XVII<sup>e</sup> siècle que Montdidier eut à souffrir, tant que le royaume de France eut à lutter, dans les pays de la Somme, contre les Anglais, les Bourguignons et les Espagnols.

La guerre de Cent ans fut surtout désastreuse pour les campagnes et pour les faubourgs non murés. A moins de surprises, les villes se préservaient. Mais elles dépérissaient par la dévastation des campagnes d'où elles tiraient leur subsistance.

En 1370, Robert Knolle mit le siège devant Montdidier avec 6.000 hommes. Il donna plusieurs assauts qui échouèrent. Il se vengea en brûlant les faubourgs et les moulins. Son souvenir s'est maintenu encore à l'emplacement de son camp, au nord-ouest de la ville, au lieu dit *la Quenolle* (1).

Le traité d'Arras de 1435 fit de Montdidier une ville frontière en la plaçant sous l'autorité des ducs de Bourgogne. Ce fut pour la ville une période particulièrement malheureuse.

Un mémoire des habitants, de 1468, donne des détails précis sur leur situation.

« Sont 250 ans que la ville de Montdidier estoit bien peuplée, et les droits d'icelle de grande valeur; leurs prédécesseurs s'obligèrent de payer au roy chacun an 609 livres parisis de rentes pour tous les droits qu'il avoit en ladicte ville, cens, rentes, justice, travers, moulins, fours et autres; que lesdicts droits depuis les guerres qui ont eu cours en ce roïaume sont diminués de plus de moitié; le travers qui souloit valoir 4 à 500 livres par an ne vaut plus que 200... Aux faubourgs souloit y avoir 6 à 700 feux, à présent n'y en a que 50 » (2).

---

(1) L. Meusnier, *Montdidier et son histoire*, Montdidier, 1911, p. 22.
(2) V. de Beauvillé, *ouv. cit.*, I, 167.

Quelques années auparavant, en 1454, le nombre des maisons était évalué à 300, au lieu de 2.000 avant les guerres (1). Ce dernier chiffre paraît exagéré.

Le 10 mai 1475, Louis XI prit et brûla la ville. Il en fit, disent les chroniqueurs, « une ville champêtre » (2), ce qui veut dire qu'il rasa les murs. Son intention était d'abord de la laisser telle quelle, sur les marches dévastées de la France et de la Bourgogne. Mais, dès qu'il eut l'espoir de la garder, il voulut la reconstituer. En janvier 1476, il autorisait les habitants à rentrer. En 1492, 171 maisons étaient rebâties : en ce temps-là, la reconstruction des régions dévastées ne se faisait pas vite ; l'Etat la regardait et l'autorisait, mais ne s'en mêlait point. En 1495, la ville était à peu près fermée.

Le traité d'Arras de 1482 avait réuni définitivement Montdidier au domaine royal et reporté la frontière au nord de la Somme. Cependant, le plat pays était encore ouvert aux invasions : invasions anglaises au commencement du XVI<sup>e</sup> siècle, invasions espagnoles au XVI<sup>e</sup> et au XVII<sup>e</sup>.

Le duc de Norfolk incendia la ville en 1523 après six jours de pillage. Plus tard, en 1636, Montdidier fut assez heureux pour repousser une attaque espagnole, malgré trente-quatre jours de tranchée ouverte.

Le traité des Pyrénées mit fin à l'histoire guerrière de la Picardie. La frontière, de plus en plus reportée au nord et fortifiée par Vauban, devint un rempart solide et inviolable. Elle demeura telle jusqu'en 1814. Montdidier avait cessé d'être une place forte en 1803. Il redevint alors une « ville champêtre », et les armées d'invasion de 1814, 1815 et 1870 le traversèrent et l'occupèrent. Mais elles ne l'endommagèrent point. Il fallut la guerre sans précédent de 1914-1918 pour faire de Montdidier ce qu'il est aujourd'hui. Ce n'est plus une ville, c'est un plan de ville inscrit sur le sol avec les rues pavées, les fondations de maisons qui font saillie à un mètre ou deux de terre au plus, et les voûtes de caves défoncées. Réduit à ce squelette, Montdidier paraît étrangement petit. Pourtant, la commune s'étendait sur 1258 hectares. Mais l'agglomération était très concentrée.

---

(1) V. de Beauvillé, *ouv. cit.*, I, 158.
(2) L. Meusnier, *ouv. cit.*, p. 28.

IV

# La situation actuelle
# et les plans de reconstruction

J'ai revu Montdidier en avril 1919, huit mois après la délivrance. Sur la ville et sur le pays planait toujours la lourde atmosphère du désastre. La vie des hommes et des choses paraissait écrasée sous les ruines et incapable de renaître. Il était permis de penser que cette terre martyrisée était condamnée sans appel. Lorsque j'ai lu, deux mois plus tard, l'article de Claude Anet dans le *Petit Parisien*, où le déblaiement même des ruines était représenté comme une chose périlleuse et presque impossible, j'ai trouvé l'affirmation très naturelle, quoique un peu excessive. A voir les choses en l'état, on pouvait s'y tromper.

Dans la vallée d'Ayencourt-le-Monchel, qui est comme l'avenue de Montdidier du côté de Paris, on eût dit que la bataille avait fait rage le jour même. Les arbres étaient massacrés, coupés à mi-hauteur, ébranchés par les obus, empoisonnés et calcinés par les gaz toxiques ou jetés par terre de côté et d'autre; ils semblaient incapables de jamais revivre. Au Monchel, il n'y avait que des squelettes de maisons et de toitures. Le fond spongieux de la vallée des Doms était défoncé par d'énormes trous d'obus où s'accumulaient les eaux; le ruisseau divaguait partout hors de son lit bouleversé. Les réseaux de tranchées traçaient sur les pentes des zébrures et des lèpres blanches. A Montdidier, la gare seule était vivante; elle avait déjà presque réparé ses ruines; les trains du Nord allaient et venaient dans les deux directions. Mais la ville n'était qu'un silencieux désert de gravats et de pans de murs croulants; les principales rues seulement étaient déblayées, et il n'y avait personne. Ce n'était qu'au faubourg Becquerel, dans la vallée des Doms, entre Saint-Martin et Saint-Médard, que de pauvres familles d'ouvriers essayaient de s'installer entre les pans de murs à moitié détruits. On faisait des logis avec des morceaux de tôle ondulée et de papier huilé. On se nichait dans les caves demeurées intactes; des tuyaux de tôle sortaient entre les pierres, au ras du sol, et s'empanachaient de fumées. Cinquante personnes environ gîtaient dans les ruines. Elles avaient peine à se ravitailler; souvent elles manquaient de tout : une mère de famille de quatre enfants ne put avoir du pain pendant deux jours. Une corvée de prisonniers allemands travaillait sans ardeur à rétablir le cours du ruisseau des Doms. De nombreuses personnes, venues des villes voisines entre deux trains, exploraient « leurs ruines », comme elles disaient, pour tâcher de retrouver quelques objets ou souvenirs de famille, au risque de faire exploser les grenades ou obus non éclatés et dissimulés partout sous les gravats.

L'atroce guerre était encore là; elle était partout. Je ne vis pas sans émotion, dans le tout petit jardin triangulaire d'une modeste villa ruinée, une croix de bois mise par les Allemands, le 9 juin 1918, sur la tombe de trois soldats français, dont un inconnu « *unbekannt* » : sans doute des victimes des furieux combats de mars, où se fixa en réalité le sort de la France...

Au cours de cette funèbre journée d'avril, je n'ai trouvé à Montdidier qu'un seul motif de confiance et d'espoir : le retour du paysan picard sur ses terres dévastées. Tandis que les citadins ne revenaient encore que pour déplorer le désastre, les ruraux de la banlieue revenaient à demeure, s'installaient sous des abris de bois et de paille et sous des toits de tôle, et se mettaient immédiatement au travail de la terre. Partout les carrés défrichés et ensemencés gagnaient du terrain sur les tranchées et sur les trous d'obus. Jusqu'aux portes de la ville morte, la terre se réveillait.

Deux ans ont passé, et le changement est merveilleux. Jamais je n'ai ressenti autant d'indignation contre les calomnies allemandes, qui nous représentent comme peu soucieux de relever nos ruines, qu'en voyant le pays de Montdidier en mai 1921.

C'est la ville et la population urbaine qui se réveillent à leur tour, à l'appel de la terre et comme encouragées et stimulées par elle. La nature elle-même prend part à cette fête de renouveau. Elle montre une vigueur de sève bien faite pour surprendre ceux qui croyaient cette terre à jamais stérilisée par l'artillerie et les gaz toxiques.

Toute la gloire du printemps fleurissait dans la riante vallée d'Ayencourt et du Monchel, où disparaissaient rapidement les dernières traces de la criminelle folie des hommes. Les arbres jetés à bas avaient disparu. Mais ceux, bien plus nombreux, qui n'étaient qu'ébranchés et calcinés, repartaient presque tous et se couronnaient de branches et de feuilles nouvelles. Même des branches à moitié brisées se paraient de feuillage. Plus de trous d'obus; le ruisseau des Doms coulait paisiblement dans les prés, le long du thalweg. Plus de tranchées sur les pentes; elles étaient nivelées et comblées; les herbes ou les guérets les recouvraient. La Compagnie du Nord avait fait éventrer et détruire le coteau où les Allemands s'étaient si longtemps accrochés, entre le Monchel et Montdidier; à sa place il y avait une plate-forme couverte de rails et les fermes métalliques d'un vaste dépôt de machines en construction.

La décision prise par la Compagnie du Nord de décongestionner ses grands dépôts et d'en créer de nouveaux a profité d'abord à Montdidier, qui était un des points choisis pour les créations. Après l'effort tenace du paysan, c'est celui du chemin de fer qui a éveillé la vie nouvelle dans la ville et dans sa banlieue immédiate. En vue de l'établissement du dépôt du Monchel, la Compagnie du Nord établit, dès 1919, un groupe de 72 maisons de bois divisées par des rues et par des avenues, sur le coteau qui se développe au sud de la gare (1). La Compagnie remplace aujourd'hui les maisons provisoires par des constructions définitives. C'est toute une cité ouvrière qui s'est élevée sur ce point, en même temps que les installations de la gare étaient reconstituées et agrandies, et que de nouveaux plans surgissaient pour la suppression des passages à niveau et la construction de passages supérieurs ou inférieurs : indice certain de l'activité de trafic que le chemin de fer du Nord prévoit, dans un avenir prochain, pour les lignes qui se croisent à Montdidier.

Dans la ville même et à côté d'elle, on a poursuivi activement un double travail: travail de déblaiement des ruines et de dégagement des rues; travail de construction d'une ville provisoire non pas *sur l'emplacement* de la ville détruite, mais à *côté* et *autour* d'elle, notamment sur le plateau largement dégagé qui, du côté de l'est, s'ouvre en éventail vers les plaines du Santerre.

Il y avait, dans la commune de Montdidier, 1.442 locaux

---

(1) Conseil général de la Somme. Procès-verbaux des séances, session de septembre-octobre 1920.

d'habitation et 1.768 bâtiments agricoles, soit 3.210 bâtiments de toute nature.

Les bâtiments réparables à la rigueur, c'est-à-dire ceux dont le pourcentage de destruction va de 40 à 80 p. 100, sont seulement au nombre de 52 (37 habitations et 15 bâtiments agricoles).

Tout le reste, 1.405 habitations et 1.753 bâtiments agricoles, avec un pourcentage de destruction de 80 à 100 p. 100, n'était plus, lors de l'armistice, qu'un amoncellement de matériaux (1).

Ainsi, il n'était possible de réparer qu'*un* bâtiment sur *soixante*. En fait, sur les trente-sept habitations incomplètement détruites, une douzaine ont été remises en état.

Pour tout le reste, les pans de murs qui menaçaient ruine ont été abattus, toutes les rues ont été déblayées; les matériaux utilisables ont été réunis en lots sur l'emplacement des jardins, des cours et des constructions entièrement rases; les matériaux inutiles et les débris de guerre ont été enlevés ou amoncelés en tas particuliers. La vieille église Saint-Pierre, qui était intéressante par les sculptures de son portail, a péri, sauf quelques débris incomplètement martelés que sauvegardera la direction des Beaux-Arts; l'église du Saint-Sépulcre, un peu moins maltraitée, a déjà son chœur recouvert.

Pendant que se poursuivaient le dénombrement et la statistique des ruines (2), une ville provisoire se fondait et s'agrandissait rapidement, à l'est de la ville ruinée, pour les Montdidériens qui rentraient de plus en plus nombreux.

Le site de la ville nouvelle est heureusement choisi : terrain plat ou en faible pente, vastes dégagements, larges avenues préexistantes et plantées d'arbres échappés aux batailles, facilité de tracer des rues spacieuses. L'unique inconvénient, assez grave, il est vrai, c'est l'éloignement de la gare.

Tandis que les services municipaux, postaux et judiciaires s'établissaient dans l'ancien jardin public, la sous-préfecture et les autres administrations étaient établies à l'est, au milieu de la ville nouvelle. Tous les bâtiments offi-

---

(1) Rapport du maire sur la reconstruction définitive de la ville de Montdidier. Tableau annexe (Renseignements fournis par le service d'architecture).

(2) Les dégâts immobiliers sont évalués à 34.500.000 francs, valeur 1914.

## MONTDIDIER
Porte de la Maison d'Arrêt avant la destruction.

Etat actuel.

ciels ont été faits en pavillons construits en agglomérés de poussière de briques et recouverts de tuiles Montchanin, solides et du plus heureux effet : c'est du « demi-définitif », qui permettra d'attendre longtemps.

Les constructions édifiées à l'usage des particuliers sont des maisons provisoires en bois, au nombre de 400, des maisons provisoires en bois et en plâtre (100 environ), des baraques Nissen en tôle ondulée (une centaine), et environ 200 baraquements agricoles ou commerciaux (1).

Les plus singuliers et les moins commodes de ces abris sont assurément ces baraques Nissen en tôle ondulée noire, que les paysans picards appellent si drôlement le *métro*, à cause de l'analogie de leur forme avec les voûtes surbaissées du Métropolitain de Paris.

Au total, le recensement de mars 1921 a constaté que Montdidier comptait 956 maisons provisoires, 963 ménages et 3.556 habitants. Sur ce dernier chiffre, 3.050 sont des Montdidériens réintégrés : la population d'avant-guerre (4.517 habitants), est donc revenue dans la proportion de presque les trois quarts. 200 habitants sont des Français étrangers à la commune, notamment des employés du Nord; 300 autres constituent la main-d'œuvre étrangère, Italiens et Portugais, plus quelques Polonais et Espagnols.

La municipalité de Montdidier paraît résolue à reconstruire la ville là où elle était. Prochainement, le Conseil municipal doit diviser la ville ruinée en secteurs successifs de reconstruction, malgré l'incommodité du site et les fortes pentes des rues.

Que deviendra, dans ce cas, la ville provisoire, qui est beaucoup mieux distribuée, plus commode, moins ramassée, plus conforme aux exigences de l'hygiène et aux légitimes aspirations de l'*urbanisme?*

L'actif et distingué sous-préfet pense que cette ville provisoire, qui est son œuvre et pour laquelle il a naturellement une tendresse paternelle, pourrait être utilisée dans l'avenir comme cité ouvrière, si la région voyait éclore des industries nouvelles dont la naissance ne paraît pas impossible (2).

Pour nous, nous estimerions sans ambages qu'il y aurait

---

(1) Renseignements fournis par M. Fouache, secrétaire de la sous-préfecture.

(2) Ce seraient des industries de poids légers, comme celles de la corne et de la plume.

lieu de laisser dans son tombeau l'ancien Montdidier, si étriqué et si incommode, et de faire de la ville provisoire une ville définitive, si cette ville ne présentait pas l'inconvénient très grave d'être trop loin de la gare du chemin de fer, centre naturel de la vie économique de la nouvelle cité.

En réalité, c'est près de la gare, où l'espace ne manque pas à la rencontre de la vallée des Trois Doms et du ravin des Blancs Murets, et où s'élevait déjà avant la guerre un quartier de villas et d'établissements industriels, que le noyau de la nouvelle ville eût pu s'établir. Au moyen de quelques terrassements et exhaussements dont les démolitions auraient fourni les matériaux, on eût corrigé aisément ce que le site pouvait avoir d'humide et de malsain. Quant à l'extension future de la ville, elle se fût faite librement le long des grandes routes qui y aboutissent, et dont les croisées lui conservent son caractère essentiel de *market-town*, évoqué par un appel récent où le maire de Montdidier invitait les paysans des environs à rendre aux foires et aux marchés leur éclat d'autrefois. Il semble que cet appel a déjà été entendu (1).

---

(1) Les deux foires de mai et de septembre ont déjà commencé à revivre en 1920 et 1921.

# LA VIE URBAINE

---

## SOMMAIRES DES DERNIERS NUMÉROS

# Union Internationale des Villes

La Revue **" LA VIE URBAINE "** est publiée

EN COOPÉRATION AVEC

## L'UNION INTERNATIONALE DES VILLES

dont l'Office Central est établi à BRUXELLES, 3 *bis*, Rue de la Régence

au siège de l'UNION DES ASSOCIATIONS INTERNATIONALES.

**FONDATION.** — L'U. I. V. a été fondée par le CONGRÈS INTERNATIONAL DES VILLES, à GAND (Belgique), en 1913.

**MEMBRES.** — L'Union comprend quatre catégories de Membres :

A) Les Membres d'honneur : les autorités supérieures ; gouvernements et pouvoirs régionaux, provinciaux, départementaux, etc. Ils fixent eux-mêmes le montant de leur cotisation.

B) Les Membres effectifs : les Villes et Communes. (Le Comité exécutif, sans pouvoir imposer un chiffre de cotisation, estime qu'une allocation par ville, se rapprochant de 1 centime par 3 habitants, serait une base permettant de faire œuvre sérieuse).

C) Les Membres correspondants : les associations, les groupements libres qui agissent dans la sphère des intérêts communaux. Ils paient 50 francs par an.

D) Les Membres adhérents : les particuliers qui, par leurs fonctions ou leurs études, s'intéressent aux questions d'ordre municipal. Ils paient 20 francs par an.

## I. — ORGANISATION DES CONGRÈS INTERNATIONAUX

Le second GRAND CONGRÈS INTERNATIONAL se tiendra à Paris, en 1924.

## II. — COLLECTIONS

BIBLIOTHÈQUE d'OUVRAGES et de PÉRIODIQUES consacrée à toutes les branches, *Sciences, Arts* et *Techniques,* connexes à *l'Urbanisme* et au *Municipalisme.*

DOCUMENTATION ICONOGRAPHIQUE relative aux mêmes sujets et objets.

RÉPERTOIRES de Références et d'Analyse bibliographique et iconographique dans tous les domaines de l'*Urbanisme* et du *Municipalisme* et Renseignements industriels et commerciaux d'intérêt municipal.

MUSÉE DES VILLES : *Palais mondial, Parc du Cinquantenaire, Bruxelles.*

## III. — PUBLICATIONS

Les TABLETTES DOCUMENTAIRES, feuillets périodiques de chronologie des faits et de mentions ou analyses bibliographiques sur le *Mouvement urbanistique et municipal,* dans le Monde entier. (Dépouillement de Quotidiens, de Revues périodiques, d'Ouvrages, Annuaires, Programmes, Catalogues et Recueils d'Administrations, de Sociétés, de Congrès, d'Expositions, d'Écoles spéciales de Hautes Etudes civiques, de Musées, de Concours, de Lois, Règlements, etc., etc).

L'UNION DES VILLES ET COMMUNES DE FRANCE est, pour la France, le correspondant de l'UNION INTERNATIONALE DES VILLES. Toutes communications ou demandes de renseignements émanant de la France doivent être adressées au Secrétariat Général de l'UNION DES VILLES ET COMMUNES DE FRANCE, 29, rue de Sévigné, Paris (IIIe). Les réponses parviennent aux intéressés par la même voie.

Imprimerie l'*Union Typographique*, Villeneuve-Saint-Georges (S.-et-O.). — Téléph. 32.